BEI GRIN MACHT SICH IHR WISSEN BEZAHLT

Hans-Jürgen Borchardt

Loben, die größte Antriebskraft

GRIN Verlag

Bibliografische Information der Deutschen Nationalbibliothek:

Die Deutsche Bibliothek verzeichnet diese Publikation in der Deutschen National-
bibliografie; detaillierte bibliografische Daten sind im Internet über http://dnb.d-
nb.de/ abrufbar.

Impressum:

Copyright © 2010 GRIN Verlag, Open Publishing GmbH
Druck und Bindung: Books on Demand GmbH, Norderstedt Germany
ISBN: 978-3-656-46761-8

Dieses Buch bei GRIN:

http://www.grin.com/de/e-book/162103/loben-die-groesste-antriebskraft

GRIN - Your knowledge has value

Der GRIN Verlag publiziert seit 1998 wissenschaftliche Arbeiten von Studenten, Hochschullehrern und anderen Akademikern als eBook und gedrucktes Buch. Die Verlagswebsite www.grin.com ist die ideale Plattform zur Veröffentlichung von Hausarbeiten, Abschlussarbeiten, wissenschaftlichen Aufsätzen, Dissertationen und Fachbüchern.

Besuchen Sie uns im Internet:

http://www.grin.com/

http://www.facebook.com/grincom

http://www.twitter.com/grin_com

Loben, die höchste Antriebskraft

Jeder kennt das positive Gefühl wenn man gelobt worden ist, eine Anerkennung oder ein Kompliment erhalten hat. Es motiviert, es beflügelt und schafft eine positive Stimmung. Dennoch wird selten gelobt oder Komplimente ausgesprochen. Dass ist umso verwunderlicher, weil ein paar nette und ehrlich gemeinte Worte keine Mühe und kein Geld kosten. Stattdessen geben viele, insbesondere große Unternehmen, viel Geld für Trainer und Seminare aus, um die Mitarbeiter/innen positiv zu stimmen und –wenn möglich- zur Identifizierung mit dem Unternehmen zu führen.

Ebenso bekannt ist die Maslow´sche Bedürfnispyramide -auch als Bedürfnishierarchie bekannt- die besagt, dass die Menschen nach höherer Wertschätzung, Anerkennung, Lob, private und berufliche Erfolge etc. streben, sobald die Defizitbedürfnisse (Nahrung, Wohnraum, Recht, fester Arbeitsplatz, die sozialen Beziehungen, etc.) gesichert sind.

Obwohl dieses Wissen besteht, wird es nicht angewandt. Damit ergibt sich die Frage: „Warum nicht?"

Die Gründe dafür können vielfältig sein, z. B. man denkt nicht daran oder glaubt, nicht kritisiert ist schon gelobt oder es wird unterstellt, dass durch das Aussprechen eines Lobes eine Arbeit, eine Leistung überbewertet wird und der Leistungswille dadurch nachlässt. Auch glauben manche Firmeninhaber, dass Lob automatisch Nachfragen zur Gehaltserhöhung auslösen.

Fangen wir mal von vorne an. Da die wenigsten als „Chef" ihr Arbeitsleben beginnen, müsste sich eigentlich jeder daran erinnern, wie erfreut er war als er gelobt wurde und ihm gesagt wurde, wie gut er die Arbeit, die Aufgabe, das Problem bewältigt habe. Haben Sie dabei gleich an Gehaltserhöhung gedacht oder haben Sie sich vorgenommen, das nächste Mal mindestens genau so gut zu arbeiten? Ihren Mitarbeitern geht es heute nicht anders, wenn Sie ihnen sagen: „Das war gute Arbeit. Der Kunde ist sehr zufrieden."

Ein derartiges Lob beflügelt. Es zeigt dem Mitarbeiter, dass seine gute Arbeit bzw. Leistung auch als solche wahrgenommen wird. Es bestätigt ihn in seinem Selbstgefühl und –was noch wichtiger ist- er erkennt, dass er nicht nur ausführender „Befehlsempfänger" von Arbeitsvorgaben ist, sondern seine gute Leistung auch gewürdigt wird.

Loben. Aber richtig!

Wer lobt, um sich einen Vorteil zu verschaffen, oder wer gewohnheitsmäßig lobt wird schnell erkannt. Der Gelobte merkt sehr genau, ob da das Lob ehrlich gemeint ist oder ob es nur einfach „so dahin gesagt ist". Deshalb sind bestimmte Regeln zu beachten, damit das Lob auch als besondere Anerkennung verstanden wird.

- Loben Sie sofort und nicht erst irgendwann später. Ein Lob muss zeitnah

ausgesprochen werden, wenn es seine volle Wirkung erzielen soll.
- Übertreiben Sie nicht. Man merkt sofort, ob etwas ehrlich gemeint ist.
- Geben Sie das Lob, das Kunden aussprechen, möglichst originalgetreu weiter.
- Verbinden Sie ein Lob mit einer Kritik. Wenn Sie sagen: „ Das haben sie   prima gemacht aber es wäre noch besser, wenn es nicht so lange dauern würde. Das ist dann kein Lob sondern eine verbrämte Kritik.

Keinesfalls möchte ich dafür plädieren, Lob als Mittel für seine eigenen egoistischen Ziele einzusetzen, sondern die Vorteile aufzeigen, die daraus entstehen, wenn man ein Lob dann ausspricht, wann immer es angebracht ist, anstatt es zu unterdrücken.

Mit Lob gestalten Sie die Beziehung zu einem Kunden/Kollegen persönlich und festigen sie nachhaltig. Sie verbessern nicht nur die Stimmung desjenigen, den Sie loben, sondern auch Ihre eigene Stimmung. Sie motivieren mit einem Lob positives Verhalten verstärkt einzusetzen. Sie heben das Selbstwertgefühl desjenigen, den sie loben. Sie erhöhen damit Ihren Sympathiefaktor, da derjenige, dem Sie ein Kompliment gemacht haben, mit Ihnen ein positives Gefühl assoziiert. Ihr Kunde behält Sie und Ihr Lob besser im Gedächtnis.

Einen Anlass für Anerkennung liefert Ihnen jeder, der sich ehrlich um etwas bemüht hat. Da es zu viel Lob nicht gibt, nehmen Sie jede Gelegenheit wahr, um Anerkennung und Lob auszusprechen. Das müssen keine großen Lobreden sein. Ein anerkennender Blick, ein besonders herzliches „Danke, mit diesen Informationen haben Sie mir sehr geholfen." tun gut.

Sagen Sie Ihrem Chef doch einfach, dass durch seine gute Organisation die Arbeit niemals in unnötigen Stress ausartet.

Loben Sie Ihre Putzfrau, weil sie dafür sorgt, dass es zu Hause ordentlich und sauber ist und Sie sich deshalb so wohlfühlen.

Halten Sie die Augen offen für Positives. Achten Sie besonders auf folgende Punkte:

- Loben Sie nur Leistungen oder Eigenschaften anderer, die Sie wirklich als gut und herausragend empfinden. Durchschnittliches zu loben, ist genau so wenig angebracht wie sich durch ein Lob heischendes Verhalten zu einer halbherzigen Anerkennung hinreißen zu lassen. Lob verlangt Ehrlichkeit.
- Ein „das war super" reicht nicht aus für ein Kompliment. Nennen Sie konkret den Anlass und loben Sie sofort, ohne Zeitverzögerung. Das monatliche Pauschal-Sammellob ist wirkungslos.
- Ein relativiertes Lob („Vielen Dank Frau Sonderle, das war gute Arbeit, wenn man einmal von den Anfangsschwierigkeiten absieht")

ist gar kein Lob. Loben Sie deswegen grundsätzlich ohne Wenn und Aber.

- Machen Sie keine vergleichenden Komplimente, damit diskriminieren Sie Dritte und schüren störendes Konkurrenzverhalten. (*„Sie organisieren unsere Meetings viel besser als Frau Müller."*)

Wenn Sie ein überschwänglicher Typ sind, können Sie, je nach Situation, dem zu Lobenden kurz anerkennend auf die Schulter klopfen, oft empfiehlt sich eher ein kräftiger Händedruck zusammen mit einem herzlichen Lächeln.

Für Ihren Kunden machen Sie ein Lob zu einem besonderen Erlebnis, wenn Sie es mit einem kleinen Extra verbinden. Das kann in einer E-Mail ein strahlender Smiley sein, ein Post-it mit einem persönlich geschriebenen *„Danke für Ihre Mühe und Ihr Verständnis"* an einem offiziellen Dankbrief, oder Sie laden einen Kunden spontan zu einer Tasse Kaffee ein, weil Sie sich so über sein Kommen freuen.

Komplimente lassen sich auch durch Handlungen ausdrücken. Sie empfehlen zum Beispiel Ihren Geschäftspartner weiter, wenn sich die Gelegenheit dazu bietet. Oder Sie fragen ihn um Rat, weil Sie gerade seine Sachkenntnis schätzen. Zeigen Sie Ihren Kunden Ihr Interesse über das aktuelle Geschäft hinaus, zum Beispiel indem Sie auch nach Erfüllung eines Vertrages nachfragen, ob das Produkt nach wie vor zuverlässig seinen Dienst tut.